NOTICE

SUR

WIELAND.

De l'Imprimerie de P. N. ROUGERON, rue de l'Hirondelle, N.º 22.

NOTICE

SUR

LA VIE ET LES OUVRAGES

DE WIELAND,

SURNOMMÉ LE VOLTAIRE DE L'ALLEMAGNE.

PARIS.

CHEZ FANTIN, LIBRAIRE, RUE DE SEINE,
HÔTEL DE LA ROCHEFOUCAULT, N.º 12.

1820.

NOTICE

SUR

WIELAND.

Christophe-Martin Wieland naquit, le 5 septembre 1733, à Biberach en Souabe. Dès sa troisième année, son père, jurisconsulte estimé, commença de travailler à son instruction ; l'enfant saisissait les leçons et les retenait par cœur avec une grande facilité ; aussi ses progrès furent-ils extraordinaires. A douze ans, entraîné par sa passion pour la poésie, il s'exerçait sans cesse à composer des vers latins et allemands. Il forma bientôt le projet hardi de représenter dans une épopée la destruction de Jérusalem ; on ignore jusqu'où il poussa cet ouvrage. Il est à regretter que Wieland n'ait pu, à l'exemple de Goëthe, tracer le tableau exact de son enfance, le récit détaillé de ses premiers pas dans la carrière des lettres. Si nous avions suivi les efforts de cet esprit délicat, de cette ame sensible qui, entraînée par l'enthousiasme, cherchait à dépasser la sphère de son siècle, nous aurions le secret de l'influence que

Wieland a exercée. Nous savons qu'il entra, à quatorze ans, dans l'école renommée de Klosterberg, à Magdebourg, et qu'il s'y enrichit d'une foule de connaissances ; qu'à seize ans, il alla à Erfurth chez un de ses parens, nommé Baumer, où il apprit la philosophie de Wolf ; que, malgré une constitution faible, à dix-huit ans, il écrivit un poëme didactique, intitulé : *La nature des choses, ou le plus parfait modèle*, et peu après, des *Lettres morales* ; que, l'année suivante, il fit paraître un autre poëme didactique, *l'anti Ovide*; qu'à vingt ans, il donna huit Lettres en vers hécamètres, *de personnes de l'autre monde à leurs amis sur la terre*; et qu'il travaillait dans ce temps à son *Abraham éprouvé*. Dans moins de deux années, il publia les *Considérations platoniques sur les hommes*, *la Timoclée*, *les Sympathies*, une *description de Mirza*, et *l'Aperçu d'un monde peuplé d'hommes vertueux*. En 1756 et 1757, il mit la dernière main au poëme de *Cyrus*. En 1758, on eut de lui la tragédie de *Panthée*, et en 1760, *Clémentine de Poretta*, ouvrage doublement remarquable, et comme le premier roman dramatique qu'ait produit la poésie allemande, et parce qu'il ouvrit une nouvelle époque de la vie littéraire de Wieland ; la violence de l'amour et les dangers que courent

ses victimes, si elles ne prennent pour guides
l'honneur et la vertu, y sont peints de manière
à faire présager le maître, à montrer d'avance
l'auteur d'*Agathon*. Wieland donna, de 1762
à 1766, *la traduction de Shakespeare* en huit
volumes; il fit imprimer à Ulm, en 1764, les
Aventures de *Don Sylvio de Rosalba*, qui
croyait à la baguette des fées aussi fermement
que Don Quichotte à celle des enchanteurs.
Wieland avait d'abord confié son manuscrit à
Salomon Gessner, à qui il écrivait, le 7 septembre 1765 : « . . . . . Sous le voile de la plaisan-
terie et de l'ironie, on philosophe quelquefois
mieux que Chrysippe et Crantor. . . . . Elles ont
toujours été regardées comme le meilleur pré-
servatif contre les égaremens du fanatisme et la
grossièreté de la superstition; et c'est dans cette
intention que j'ai composé Sylvio. Depuis long-
temps je prévois que j'aurai, dans peu d'années, besoin d'une apologie pour moi et pour
mes écrits. Agathon qui, dans toutes les circonstances, est plus piquant que Sylvio, exci-
tera assez de murmures et de cris. »

Cet Agathon, qu'il venait de commencer,
parut en 1767; sa seconde édition est de 1773,
sa dernière de 1794. Une comparaison entre ces
éditions y ferait remarquer une suite d'amélio-
rations importantes. Comme Agathon était le

livre favori de Wieland, et que nous l'avons imité sous le nom de *Philoclès*, qu'il nous soit permis de nous arrêter sur les sentimens qui le lui ont inspiré, sur le but qu'il se proposait, sur la manière dont il l'a rempli !

L'*Yon* de son cher Euripide lui en fit naître la première idée; et l'on peut consulter à cet égard ses notes sur la traduction de cette tragédie. Wieland se reconnaissait lui-même dans un jeune homme, aux désirs modérés, unissant la plus parfaite candeur à une grande élévation d'ame. En montrant la ressemblance d'Agathon avec Yon, Wieland se peignait lui-même, lorsqu'il disait : « Tous deux furent élevés sous les lauriers du dieu de Delphes, dans une ignorance entière de leur naissance. La même sensibilité, le même feu d'imagination, un égal enthousiasme les caractérisent tous deux ». Qui pourrait balancer à substituer le nom de Wieland à celui d'Agathon ; à reconnaître en eux les mêmes dispositions, une pareille tournure d'esprit, une similitude d'inclinations ? Wieland avait eu son Delphes. Dans cette paisible Suisse, où il avait fait un long séjour, il eût traité différemment le sujet d'Agathon ; mais quatre années s'écoulèrent entre le projet et l'exécution; elles furent les plus importantes de la vie du poète. Obligé d'abandonner et son cher Delphes

et le monde idéal où il se plaisait à vivre ;
voyant qu'on taxait de fanatisme le sens
intime qui l'avait rendu heureux ; jeté dans
un genre d'existence auquel il fallut se faire
malgré lui, quoique révolté de l'échange d'idées,
de sentimens qu'on lui proposait, il soumit les
siens à une épreuve et un examen attentifs, et
c'est là précisément suivre la même route qu'A-
gathon. L'épigraphe qu'il a mise au frontispice
de cet ouvrage promet de montrer par un exemple utile, *ce que peuvent la sagesse et la vertu.*
« Je n'ai pas songé, dit-il, à représenter dans
mon héros le type de la perfection morale ; mais
à décrire la conduite d'un homme de son caractère dans les circonstances où il est placé, à
examiner la part qu'elles ont dans sa manière
de sentir, de penser, d'agir ; à prouver l'impos-
sibilité où l'on est de devenir bon et sage, si ce
n'est par l'expérience, en mettant à profit ses
fautes, en travaillant sur soi-même, en modi-
fiant ses opinions, surtout en profitant des bons
exemples et en s'associant à des hommes vertueux. Il y a sans doute, dit-il encore, des caractères plus importans que ceux sur lesquels
mon choix est tombé ; mais désirant être con-
vaincu que je ne donnais pas de rêveries au public, j'ai choisi celui de tous les caractères que
j'avais eu occasion d'étudier avec le plus de soin. »

D'après la manière dont Agathon a pris naissance et suivant le but de l'auteur, il était impossible que sa position même n'influât beaucoup sur l'exécution de cet ouvrage.

Les idées qu'il avait puisées dans Platon, et
auxquelles un sentiment intérieur, approchant
de la conviction, avait donné de la force, il les
oppose avec le système d'Hippias, empreint
d'égoïsme, qui a tant de rapports avec les pré-
tendus principes de nos sophistes modernes,
système d'ailleurs établi sur les événemens qu'il
avait éprouvés, ou sur ceux dont il avait été le
témoin. Les résultats que Wieland-Agathon ob-
tient de ses observations et de ses recherches,
c'est que les hommes sont en général tels que
les dépeint Hippias, mais qu'ils devraient se di-
riger d'après les conseils que donne Archytas, le
sage de Tarente. Wieland écrivait, dès 1762 :
« Dans ce roman, que je nomme l'*Histoire
d'Agathon*, je me dépeins moi-même comme
je m'imagine que j'aurais pensé dans de sembla-
bles circonstances, et à la fin, je le rends aussi
heureux que je désirerais de l'être ».

On a reproché à Wieland des peintures un
peu vives. Mais s'il reconnaît que les sens peuvent offrir des plaisirs vrais, il se déclare pour
l'amour qui tient à l'esprit et à l'ame, et c'est là
une sorte de sagesse qu'il prétend enseigner.

Il peignit les trois genres d'amour dans *Idris et Zénide.*

Depuis plusieurs années, il songeait à tracer l'histoire de l'ame dans un poëme intitulé *Psyché*, dont la fable d'Apulée lui avait fourni le sujet ; il ne nous en est parvenu que des morceaux détachés.

Vient ensuite *Musarion*, où, tout en faisant la guerre à l'enthousiasme exagéré de l'amour platonique, il combat aussi la passion qui faisait dire à Boufflers :

Eu amour je suis tout physique.

« Musarion, écrivait-il à S. Gessner, le 29 août 1766, Musarion est en quelque sorte un intermédiaire entre les poésies instructives, la comédie et la narration, qui participe de ces trois genres différens. J'en ai d'autres à composer, tels que le Repas de Solon et d'Aspasie, ou l'Art de plaire, et les Grâces. J'ai projeté assez de sujets pour m'occuper toute ma vie, et le public en sera plutôt fatigué que moi. »

Aspasie ne fut, à proprement parler, qu'un fragment de *Psyché*. Les *Grâces* avaient si souvent inspiré Wieland, qu'il les chanta avec succès. C'est par elles, dit-il, que la sagesse se dépouille de son excès d'austérité. Voilà ce que Musarion voulait enseigner à son disciple. « Ce petit ouvrage, écrivait-il à Riedel, en 1768, peut mieux vous faire connaître la tournure de mon esprit et de mon cœur, de mon goût et de ma philosophie, qu'aucun autre de mes écrits. »

Wieland avait séjourné, en 1751, à Tubingue; il resta de 1752 à 1760 en Suisse, où douze cents francs formaient tous ses revenus; il alla de là à Biberach, qu'il ne quitta qu'en 1769.

On pense bien qu'avec une imagination si vive, un esprit si ardent, un cœur si tendre, Wieland ne put échapper au pouvoir de l'amour : en 1752 il aimait au-dessus de tout Sophie Laroche, et en 1758 il traçait ces mots en langue française : « C'est à une personne du sexe que je crois être redevable de ce peu que je suis; elle a fait un homme de moi. » En 1759, séparé malgré lui de Sophie Laroche, Julie Bondeli lui parut, non la plus jolie, mais la plus spirituelle des femmes, et il en fut vivement épris. Écoutons-le lui-même, disant en français : « J'ai aimé depuis ma dix-septième année, grâce à Dieu, au moins une douzaine de femmes charmantes. Toutes ces femmes m'ont fait éprouver bien des peines; presque tous mes amours étaient de l'espèce de ceux qu'on appelle passions; c'étaient des divinités que j'adorais; j'ai poussé même quelquefois les sentimens et l'amour platonique jusqu'à un héroïsme dont je ne me sens plus capable». Mais enfin il écrivit à S. Gessner, le 7 novembre 1765 : « Mes parens et mes amis l'ont voulu ; je suis marié. Ma petite femme se recommande au charmant poète de Daphnis. Elle n'est pas aussi belle, mais elle a autant de naïveté, de bonté, d'innocence que votre Melida. Vous savez, disait-il l'année suivante à Zimmermann, vous savez que j'ai pris femme. Tout bien examiné, c'est la seule au monde qui me convînt pour épouse (je ne dis pas pour maîtresse) ». Il était alors à Biberach, et il ne s'accommodait guère de « l'emploi servile qu'il remplissait sous les lourds magistrats de cette dernière ville ». Aussi reçut-il avec une vive satisfaction le titre de conseiller de régence et de premier professeur de philosophie à l'Université d'Erfurth, avec 600 rixdalers (1) de traitement. Suivant ce qu'il mandait à S. Gessner, on lui avait donné à entendre qu'on voulait seulement l'avoir pour l'amour de son nom, et que sa présence y suffirait, avec l'autorisation de s'occuper de tout ce qui lui plairait. La littérature allemande dut s'applaudir des trois années qu'il resta à Erfurth.

Dans les *Dialogues de Diogène de Sinope*, qui parurent en 1770, il sembla prendre l'esprit de Sterne, comme il avait l'idée d'imiter

____

(1) Le rixdaler est d'environ 50 sous.

l'Arioste dans *Idris*, et dans *Amadis* qu'il
publia en 1770. C'est ce dernier ouvrage où il
donna le plus d'essor à la légèreté de sa muse;
il y démontre comment un charmant jeune
homme peut être attiré et entraîné par une personne d'une figure laide, mais d'un esprit orné
et d'un cœur excellent.

Après Diogène, il avait mis au jour, en 1770,
Combabus qui renonce au bonheur, non par
crainte de sa vie, mais par le sentiment de son
devoir. Dans cette même année, voulant joûter
avec J.-J. Rousseau, et se servir des armes de
Voltaire, il composa plusieurs petits ouvrages
sous le titre : *Explications de l'histoire secrète
de la raison et du cœur humain, tirées des ar-
chives de la nature.*

Joseph II honorait Wieland d'une affectueuse
protection; et notre poète écrivait, le 25 août
1772 : « Nous attendons à juste titre de Joseph
tout ce qui est beau, grand et sublime! Heureux
qui peut le seconder dans l'entreprise glorieuse de
former tous les peuples, de les éclairer et de les
rendre heureux! » Ces idées animèrent Wieland,
publiant, le même mois, le *Miroir d'or*, ou le
Roi de Schechian; il voulait y faire voir ce que
les grands pouvaient apprendre de l'histoire de
l'humanité. Son sultan Schach, sa sultane, et
Danischmende, son philosophe courtisan, sont
comme les représentans de tous ceux qui, pré-

posés au gouvernement des nations, malgré la meilleure intention du monde, laissent tout aller comme il va. Le miroir d'or ne flatte jamais. C'est dans le dessein de compléter son effet, qu'il paraît avoir composé le petit roman de *Kortox* et *Kitequetzel*. Le ton principal de ces deux écrits est modelé sur celui de Voltaire; mais l'humeur de Sterne, qui avait tant influé sur Amadis et Diogène, perce encore à chaque occasion. Veut-on connaître les idées de Wieland sur la poésie et sur la peinture? voici ce qu'à l'âge de vingt-cinq ans il écrivait à Zimmermann : « Chaque peintre célèbre a sa manière propre. Raphaël était trop sombre coloriste; Rubens formait de trop robustes contours, Lebrun affectait une certaine grandeur dissolue et guindée ; et néan-moins Raphaël, Rubens et Lebrun sont de très-grands peintres. Virgile est trop figuré, le Tasse, trop spirituel et trop voluptueux , Thompson a des détails trop redondans, Pope est trop fleuri; et néanmoins Virgile, le Tasse, Thompson, Pope sont de très-grands poètes ».

Wieland dit ailleurs qu'il ne pouvait trop admirer « la grandeur simple et la beauté agreste d'Homère et de l'Arioste, le coloris fleuri et la douce chaleur de Virgile et du Tasse, le mélange de force et de délicatese de Thompson, la beauté nerveuse de Glovers. Il enviait le bonheur de celui qui, suivant le but de son ouvrage, pouvait s'approprier les avantages particuliers à chacun d'eux. La question sur la meilleure manière d'écrire, ajoutait-il, est comme celle sur la meilleure manière de peindre; les mots sont les couleurs du poète. La Danaé du Corrège serait moins belle, si elle était représentée et *convertie* comme la très-belle madone de Raphaël. Il faut des couleurs diverses pour Diane, Vénus, Hercule et Adonis. La difficulté est de suivre l'unité, et de ne jamais en séparer l'harmonie dans le ton de l'ouvrage entier. »

Cependant Wieland se flattait d'une période plus heureuse pour la littérature allemande, et il croyait nécessaire qu'elle eût un centre comme Paris ou Londres. Deux villes allemandes pouvaient se disputer cet honneur, Vienne et Berlin. Wieland n'espérait rien de cette dernière, tant qu'elle se bornerait à avoir une Académie française, et que son Roi mépriserait la langue de son peuple. Les regards de Wieland se portaient sur Vienne, où Klopstock écrivait et où régnait Joseph. Il pensait que là devaient être réunis tous les écrivains. Mais il vit bientôt qu'il fallait renoncer à ce beau projet.

Près d'Erfurth vivait une princesse allemande, descendue des Guelfes, Anne Amélie, à laquelle une mort prématurée avait enlevé, en 1758, son

époux

époux, Ernest-Auguste Constantin, duc de Saxe-Weimar. Dans la fleur de la jeunesse, elle se trouvait à la tête du gouvernement. Elle choisit Wieland, ainsi qu'il en informa le prince de Kaunitz, pour instituteur du prince héréditaire, et de son jeune frère, afin d'aider à former le cœur et l'esprit de ces aimables rejetons d'une maison auguste et chère à la patrie.... « J'ai mon congé, mandait-il à Riedel ; ma place à Weimar me vaudra cent rixdalers par an, et dans trois ans je jouirai d'une pension de six cents rixdalers, avec liberté de vivre à ma fantaisie.... Je serai toujours aux ordres de Joseph ». Wieland avait-il alors l'espérance de faire de Weimar le centre de la littérature allemande ? Cette ville, lorsqu'il y arriva, n'était pas encore très-brillante ; mais déjà elle réunissait presque tout ce qui pouvait attirer et contenter Wieland. La princesse était spirituelle et charmante ; le prince héréditaire montrait les plus heureuses dispositions ; il s'était formé un cercle choisi, et la poésie, la musique, la comédie réunissaient leurs attraits brillans pour éclairer leur auguste protectrice. La cour n'exerça point d'influence sur les principes de Wieland, ils y restèrent les mêmes ; on n'y entendit sa muse que lorsque son cœur l'y inspirait, et toujours elle eût la teinte de son caractère. C'est ainsi qu'il fit paraître deux poë-

2

mes dramatiques, en 1775, *le choix d'Hercule*, pour le dix-septième anniversaire de la naissance du prince; et *Alceste* qui, jouée le 29 mai de la même année sur le théâtre de la cour de Weimar, bientôt fut accueillie avec un extrême plaisir dans toute l'Allemagne. Wieland aimait la musique et jouait fort bien du piano; il se lia à Weimar avec Schweizer, grand compositeur, et nous devons à ces circonstances les opéras du *Jugement de Midas*, de *Rosemonde* et de *Pandore*. Ce qui occupa le plus Wieland fut un Mercure allemand, formé sur le plan du Mercure de France, et où il se proposait de recueillir la fleur de la littérature. « Je voudrais, disait-il, faire du Mercure allemand un objet général, et d'une utilité universelle; mais pour cela le public devrait être moins froid et montrer plus d'esprit national ». Bientôt les yeux de l'Allemagne entière se portèrent sur Weimar, où le duc Charles Frédéric, auguste protecteur et ami des muses, savait apprécier chaque talent, chaque genre de mérite, et les attirer dans sa capitale, qu'on nomma l'Athènes de la Germanie. Goëthe, Herder, Schiller, Gluck, etc.; quels noms associés à celui de Wieland! Gluck ayant perdu celle qu'il aimait, désirait qu'elle fût chantée par notre poëte, qui lui marqua, le 18 juillet 1776 : « Dans la disposition d'esprit où m'a trouvé votre lettre, je ne puis que pleurer avec vous; mais je ne saurais rien produire qui fût digne de l'ange enlevé à votre bonheur et à votre génie. Excepté Klopstock, personne ne pourrait mieux en parler que Goëthe : je recourus à lui, et dès le jour suivant, de grandes idées fermentaient dans son âme. Y a-t-il rien d'impossible à Goëthe ? » Au milieu des tracasseries, qui trop souvent déshonorent la république des lettres, combien l'on aime à entendre Wieland s'exprimer aussi noblement sur de dignes rivaux !

Mais voyons les ouvrages que successivement il publia dans le Mercure allemand, depuis 1773 jusqu'en 1795, où il cessa d'en être éditeur.

1773. Lettres sur Alceste. L'esprit de Shakespeare. Mélanges.

1774. Vœux de bonne année. Les Abdérites, dont la suite parut dans plusieurs années. Des belles âmes. De Psyché. Sur la perspective dans les ouvrages des peintres grecs. Sur un passage de l'Hippias de Lucien. Stilpon ou l'élection d'un président de tribu à Mégare. Projet d'une nouvelle édition des lettres de Pline.

1775. Le jugement de Midas, opéra. Histoire de Danischmende. Justification d'un beau mot de Pompée. Rapport du beau à l'utile. Ce que Platon doit avoir dit, et ce qu'il n'a pas dit. Sur un passage d'Amadis de Gaule. Sur l'art d'écouter. La Polixène mourante d'Euripide. Un trait caractéristique de l'art national des Grecs. Sixt et Klärchen, ou le moine et la religieuse. Entretiens avec le curé de..... sur la philantropie. Doutes sur la nouvelle des Fakirs, de Al.

Dowes. Remarques sur la religion des Bramines. Où, suivant l'Edda, vont les bons et les mauvais poètes. Ouvrage d'or de Démocrite. Séraphine, cantate. Sur l'opéra allemand et sur quelques vieux opéras allemands. Cantate sur le dix-neuvième anniversaire et sur la majorité du duc de Saxe-Weimar. Titanomachie, ou le nouveau livre héroïque. Questions et Réponses.

1776. De Psyché. Les marches d'hiver. Gandalin, ou amour pour amour. Histoire de la jeunesse de Boniface le méchant. Sur Sébastien Brant, Cornélius Agrippa de Nettesheim, Erasme de Rotterdam, etc. Mélanges.

1777. Géron le noble. Sur la décadence probable de la race humaine. Les marches d'été, ou la bride du mulet. Richard cœur de Lion et Blondel. Sur l'idéal des artistes Grecs. Sur la bonté divine du Seigneur. Sur Juste Lipse, Anne-Marie de Schurmann, Louis Vives, Julie Morell. Mélanges.

1778. La Philosophie endormie, conversation en pot-pourri. Haun et Golpenheh. Le Chant de l'oiseau, ou les trois leçons. Ce qu'est la sagesse. La philosophie considérée comme l'art de vivre, ou le salut de l'âme. Logogryphe. Schah-Lolo. Pervonte. Bunkliade. Voyage de Forster autour du monde.

1779. Rosemonde, opéra. Pandore, opéra.

1780. Oberon. Sur une anecdote de Rousseau. Explications patriotiques pour le plus grand avantage de l'Allemagne. Dialogues dans l'Elysée. Panthée de Lucien. Extraits de mélanges tirés d'une grande bibliothèque. Est-il bon de faire connaître les vices des grands hommes ? Mélanges.

1781. Athénion, surnommé Aristion. Sur le penchant des hommes à croire à la magie et aux fantômes. Cinq problèmes moraux. Sur les Allemands du nom de Charles. Notice sur les femmes qui ont écrit en France. Si Homère était un enfant naturel. Pénitence littéraire.

1782. Supplément à l'anecdote de Rousseau. Entretiens sincères sur quelques nouvelles aventures du monde. Epître à un jeune poète. Vers à la duchesse Amélie. Ce que c'est que le haut Allemand.

1783. Clélie et Sinibald. Poëme mêlé de chants pour le jour de naissance du prince héréditaire Charles Frédéric. Cantate pour sa fête. Réponses et répliques sur quelques doutes et questions d'un nouveau citoyen du monde. L'Aëropetomanie.

1784. Les Aëronautes. Epître à un jeune poète. Marc-Aurèle aux Romains.

1785. Des droits et des devoirs des écrivains dans leurs récits. Observations et jugemens sur les nations, les gouvernemens et autres objets politiques.

1787. La Salamandre et la statue. Sur le magnétisme.

1788. Sur l'usage de la raison dans les articles de foi. Secrets de l'ordre des Cosmopolites. Nicolas Flamel, Paul Lucas et le derviche de Brussa. La pierre des Sages. Peregrinus et Lucien, dialogue dans l'Elysée.

1789. Peregrinus Protée (continué dans les années suivantes). Observations sur la révolution française (continuées jusqu'en 1794). Dialogues des Dieux. Six réponses sur six questions de Timalethes.

Dans le *Nouveau Mercure Allemand*

1790. Histoire des Troglodites. Les deux événemens les plus importans du mois dernier (la mort de Joseph et la suppression des couvens en France). Sur le père Belduci. Madame de Buchwald. Art de traduire et devoirs d'un traducteur. Sterne. Le prince de Machiavel. Jules XIV. Dialogues des Dieux. Sur Olympie. Le conseil de femmes olympiques. Faustine. Les femmes pythagoriciennes. Aspasie et Julie.

1791 et 1792. Plusieurs observations sur la révolution française. Remarques sur Borussias de Jenisch.

1793. Le pour et le contre, dialogue des Dieux. Sur le patriotisme allemand. Philosophie et droit des Cyclopes *in nuce*. Lettre sur les constitutions françaises. Sur Charlotte Corday. Sur les caractères allemands. Lettre à Voss sur la traduction d'Aristophane.

1794. Courte explication de l'état intérieur et extérieur d'Athènes, au temps où Aristophane présenta ses comédies au théâtre. Apologie de son orthographe. Indication d'un ouvrage remarquable sur la révolution française. De la guerre et de la paix. Les Acarniens d'Aristophane.

1795. Un Mot sur Bode. Le Cuvier d'eau (1).

On pourrait ajouter, à cette nomenclature si nombreuse et si variée, les observations critiques que Wieland publiait presque chaque année sur la littérature, et une foule de jugemens sur des ouvrages détachés. On voit comme il savait occuper sa solitude.

Le plus célèbre de ces ouvrages est *Oberon*, où l'on admire l'étendue de l'imagination, la profondeur de l'esprit et la sensibilité du cœur. Riche de détails, comme le Roland de l'Arioste, il se rapproche de la régularité de la Jérusalem du Tasse. Suivant madame de Staël, Oberon était regardé en Allemagne comme un poëme épique. L'invention n'en appartient pas toute à Wieland; il a beaucoup puisé dans Huon de Bordeaux, vieux livre de chevalerie.

Dans ses Dialogues des Dieux, de l'Elysée, etc., il avait suivi la manière de Lucien, qui lui ins-

---

(1) Le Cuvier d'eau est imité d'un conte de Legrand; le noble Geron, de Gyron le Courtois, vieux livre français de chevalerie; le Chant de l'oiseau, du Lai de l'oiselet; la Marche d'hiver, d'un récit des Mille et une Nuits; la Marche d'été, d'un Fabliau de Chrétien, de Troyes.

pira aussi le *Peregrinus Protée*, publié en deux volumes, l'an 1791; *Agathodamon* en fut comme la suite. En composant ces deux derniers ouvrages, Wieland parcourut le cercle qu'il s'était tracé dans Agathon. Le génie de l'auteur y paraît dans toute la vigueur de jeunesse; on y retrouve la même fraîcheur de coloris; la hardiesse d'idées y est toujours croissante; et, si l'on n'observait çà et là dans Agathodamon une certaine prolixité, on aurait peine à croire que Wieland eût déjà atteint sa soixante-quatrième année. Il y avait vingt-cinq ans qu'il habitait Weimar; s'il avait essentiellement contribué à y former ce goût délicat qu'il attribuait justement aux capitales, ce mélange précieux de science, de connaissance du monde, de politesse, auquel on parvient peu à peu par la lecture des meilleurs auteurs et par la société des personnes les plus distinguées, il se perfectionna lui-même dans cette urbanité dont il avait puisé autrefois les premières idées chez le comte Stadion. Il voyait s'y réaliser le rêve de sa jeunesse; alors, et seulement alors, il put couronner son œuvre d'Agathon, en y indiquant, dans le discours d'Archytas, la route simple par laquelle il parvint à la paix intérieure, à la gaîté que troublaient rarement de légers nuages, à ce calme avec lequel il attendait la fin d'une longue vie, passée

dans une continuelle agitation. L'accord avec
soi-même, ce produit de la sagesse qu'il exprime
avec tant de dignité, ne pouvait être pour lui
que le fruit d'une sûre expérience ; mais lorsque
ses idées eurent acquis cette maturité, ses peines
furent richement récompensées, et non-seule-
ment Agathon, mais toute l'existence et l'influence politique de Wieland en reçurent plus
de poids et de perfection. Nous avions reconnu
Wieland dans Agathon, aspirant à la sagesse et
à la vertu. Maintenant quel spectacle de com-
parer avec Wieland Archytas mûri par l'âge !

Ces considérations doivent porter tous ceux
auxquels l'honneur de la littérature allemande
est cher, à se réjouir de ce que l'auteur, en publiant une édition complète de ses œuvres, ait pu
leur imprimer le cachet du génie et de l'expérience. Le profit qu'il en retira lui donnant l'espérance de passer dans l'aisance le reste de ses
jours, il résolut de faire un voyage en Suisse,
où il fut reçu, en 1797, avec tous les égards
qu'il méritait ; ce pays lui rappelait de bien doux
souvenirs.

En 1798, il se retira dans l'agréable solitude
d'Osmanstadt, où il passa cinq ans. Je ne par-
lerai pas des *Trois Calenders* et autres jolis
contes ou nouvelles qu'il avait composés. Il fit
à Osmanstadt son *Aristippe*, élégamment tra-

duit par M. Coeffier ; et il mit la main à *Menandre* et *Glycerion* , puis à *Crates* et *Hipparchie.*

La succession rapide des ouvrages de Wieland nous a éloigné de l'examen de sa vie intérieure. Il écrivait, en 1771 , à S. Gessner : « Dans ce moment folâtrent autour de moi trois petites filles tout aimables ; leurs caresses enfantines, leur innocence exempte de prévoyance ne me laissent pas oublier que tout mon travail ne pourra me procurer un trésor: L'Allemagne, à cet égard, n'est pas l'Angleterre. »

Wieland eut quatorze enfans , dont neuf lui furent conservés, trois fils et six filles. L'une de celles-ci épousa un fils de Gessner, l'ancien ami de Wieland. Deux étant devenues veuves , elles revinrent avec quatre enfans dans la maison de leur excellent père , dont la famille, à Osmanstadt , se trouva ainsi composée de treize personnes. En 1799 , il y posséda l'amante de sa jeunesse, l'amie de son âge mûr, Sophie Laroche; elle lui laissa l'une de ses petites filles, Sophie Brentano, que Wieland aima comme son propre enfant. Cette fleur si brillante n'eut qu'une courte existence, et Sophie mourut à Osmanstadt, à l'âge de quatorze ans ; ses cendres y reposèrent d'abord dans un bosquet, et nous aurons à en parler encore à la fin de cette notice.

Wieland , le 9 novembre 1801 , perdit sa femme qu'il ne cessa de regretter. En 1803 , il retourna à Weimar ; où il dédia au duc son *Euthanasia* ; cet ouvrage et la traduction des *Lettres de Cicéron* complètent le nombre de ses écrits. L'auguste princesse, qu'il osait nommer justement son amie, l'avait admis dans son cercle le plus intime; il était regardé comme un membre de la cour et de la maison à Weimar. Il avait une place d'honneur dans la loge ducale. Il y assistait un jour à la première représentation du Tasse , de Goëthe qui lui ménagea une surprise charmante. Lorsque la toile se leva , on vit substituer aux bustes de Virgile et de l'Arioste ceux de Wieland et de Schiller , avec les plus fines allusions. Tous les yeux se tournèrent sur Wieland ; et l'envie même fut forcée d'applaudir.

Lors du congrès d'Erfurt , le prince Primat parlant à dîner des prédictions de Wieland sur Napoléon, celui-ci voulut voir notre poète. Il s'ensuivit un entretien d'une heure et demie , dont Wieland a écrit lui-même ce qui suit : « A peine j'étais là depuis quelques minutes ; que, d'un autre côté de la salle, Napoléon vint à moi. La duchesse me présenta à lui, et il me fit , avec beaucoup d'affabilité , les complimens d'usage, tandis qu'il m'enveloppait, pour ainsi dire, de ses

(27)

regards ; personne comme lui ne sait , d'un coup-d'œil, pénétrer et deviner un homme. Je n'en avais jamais vu d'aussi simple, d'aussi doux, d'aussi tranquille ; aucun indice n'eût fait remarquer dans mon interlocuteur un grand monarque. Il semblait qu'il causât avec quelqu'un de connaissance , avec un égal , et cet entretien dura une heure et demie, à la grande surprise de tous ceux qui étaient présens. Sentant que je ne pouvais rester plus long-temps debout, je le priai d'excuser ma faiblesse et de me congédier ; il accueillit très-bien ma demande : Allez, bonsoir, me dit-il, d'un ton et d'un air d'amitié. »

Le discours devint alors général, et Wieland continua d'être l'objet de la plus grande attention. Le spectacle du jour amena la conversation sur Jules César, que Napoléon proclama l'une des premières têtes de toute l'histoire. Il serait même, ajouta-t-il, le plus grand sans restriction ; s'il n'avait commis une faute impardonnable. Wieland, qui s'imaginait bien quelle était cette faute, ne faisant pas de question : « Vous voulez le savoir, continua Napoléon ; il connaissait depuis long-temps à fond ceux qui voulaient sa perte, et il aurait dû les prévenir ». Wieland assura depuis que l'empereur aurait pu lire dans son âme : *tu ne te rendras pas volontairement coupable de cette faute.*

Après Jules César, on parla naturellement des Romains, de leur art militaire, de leur politique, et ils eurent dans Napoléon un très-grand panégyriste. Il faisait bien moins de cas des Grecs, et il trouvait pitoyables les dissensions continuelles de cette foule de petites républiques.

Les Romains, dit-il, avaient tout dirigé vers la grandeur ; la puissance prodigieuse de leur empire donna une autre forme au monde, et fit époque dans l'histoire. Wieland parla de la littérature et de l'esprit des Grecs ; Napoléon répondit que tout cela ressemblait à leurs dissensions. Il cita cependant avec éloge Homère, à qui il préférait Ossian.

L'entretien vint sur la poésie, où il n'estimait que le sujet le mieux tissu, la force, le sublime, le pathétique, pensant que tout le reste ne servait qu'à l'affaiblir. Il ne fit pas beaucoup de grâce à l'Arioste ; et il ne pensait pas, se dit Wieland, qu'il m'offrait à moi-même un holocauste. Aussi, malgré son air affable et obligeant, notre poète jugea que son cœur était de bronze.

Je lui demandai ensuite, dit Wieland, comment il arrivait que le culte qu'il avait rétabli en France n'était pas plus philosophique, plus approprié à l'esprit de notre siècle? Il me ré-

pondit en riant : Oui, mon cher Wieland, il
n'est pas fait pour les philosophes; car ils n'ont.
foi ni à moi ni à mon culte, et ceux qui y croient
ont besoin de miracles. Si je voulais un jour.
fonder une religion pour des philosophes , elle
serait bien autrement constituée.

Après quelques autres propos sur ce sujet,
finit le cercle pendant lequel Alexandre avait.
aussi témoigné beaucoup d'estime au poète.

Les deux empereurs lui donnèrent solennel-
lement, celui de France l'étoile de la Légion-
d'Honneur, et celui de Russie la croix de Sainte-
Anne.

Ne peut-il pas paraître extraordinaire de voir.
deux souverains étrangers récompenser son mérite, et non un empereur ou un roi d'Allemagne? N'est-il pas étonnant que Wieland,
membre de l'Institut de France, n'ait été d'aucune Académie allemande ? Il n'avait pas
oublié lui-même qu'un Français avait devancé
la justice que lui rend toute la Germanie; qu'en
1770, le chevalier de Boufflers, traduisant *les
Grâces* à une dame du premier rang, lui avait
appris, ainsi qu'aux autres Allemandes, que
leur compatriote était le favori des Grâces.

Pour tous les habitans distingués de Weimar,
l'anniversaire de sa naissance était un jour de
fête. En 1812, il solennisait sa soixante-dix-neu-

vième année à Iéna ; les francs-maçons lui offri-
rent, comme gage de leur estime, une médaille
qui représente d'un côté son effigie, de l'autre,
une lyre avec ces mots : *Au poète immortel.*

Cette récompense si touchante avait été pré-
cédée, à Osmanstadt, d'un grand plaisir, celui
de passer un été avec Sophie, l'aînée de ses
filles, Reinhold son gendre, et deux petits-fils
qui donnaient les plus belles espérances. Wieland ensuite s'était blessé dans une chute de voi-
ture, ainsi que sa plus jeune fille Louise. « Il sup-
porta, dit Goëthe, et les suites douloureuses
de cet accident et les ennuis fatigans de la
convalescence, avec la plus grande égalité d'âme ;
lui-même consolait ses amis. Puisse-t-il n'être
pas réservé à d'autres malheurs ! puisse-t-il avoir
montré aux dieux qu'il a payé la dette de l'humanité ! »

Après être resté quelques mois dans la belle
maison de campagne de madame Griesbach,
d'Iéna, Wieland était revenu à Weimar à la fin
d'octobre 1812, et il avait repris, avec l'ardeur
d'un jeune homme, la traduction des Épîtres
de Cicéron, et le commentaire historique qui
l'accompagne. Il venait d'en faire paraître le cin-
quième volume, et il se proposait d'en publier,
en 1815, le sixième et dernier. Pour prix de
ses goûts et de sa vie paisible, il n'éprouvait

(31)

aucune des infirmités de la vieillesse ; il se levait
de bonne heure et travaillait jusqu'au dîner ;
il voyait ensuite ses amis, et il allait volontiers
le soir au spectacle. Wieland se préparait cependant à la fin de son honorable carrière. Le
bien d'Osmanstadt appartenait, depuis 1804, à
la famille Brentano, de Francfort sur le Mein,
avec laquelle il avait contracté une liaison intime. Ne voulant plus quitter son pèlerinage
terrestre, il fit exécuter trois pyramides pour
être placées sur les lieux qui renfermaient les
cendres de son épouse, celles de Sophie Brentano, et où l'on devait déposer les siennes ; ces
pyramides portaient les inscriptions suivantes :

L'amour et l'amitié réunissaient ces âmes qui allaient
ensemble dans la vie,
Et cette pierre réunit leurs cendres.

On y grava pour Sophie l'emblême d'une
Psyché, couronnée de boutons de rose ; pour
la femme de Wieland, une guirlande de chêne
et deux mains qui se serrent ; pour lui-même,
une lyre qui s'élève vers l'étoile de l'immortalité.

Dans la nuit du 11 au 12 janvier 1813, Wieland fut attaqué de spasmes apoplectiques, et
presque octogénaire, entouré de ses enfans, il
cessa de vivre le 20 du même mois. Son corps
fut placé sur un lit de parade dans une des salles
du palais de Weimar, et il reçut les derniers

honneurs dûs à un si éclatant mérite. Ses ouvrages, les décorations de la Légion-d'Honneur et de Sainte-Anne étaient placés sur un coussin ; la légation française, les francs-maçons, toutes les personnes notables de Weimar formaient son cortége.

Le 26 février suivant, on lui fit un service à Altona, où M. de Schuatz prononça l'oraison funèbre du Nestor de la littérature allemande. Huit jours auparavant, on avait célébré en sa mémoire, à Weimar, une solennité touchante, où assistèrent le duc, la duchesse et la grande-duchesse héréditaire ; ses rares talens et ses qualités personnelles y furent développés par Goëthe dans un discours qui fit couler bien des larmes.

Dans la plus grande partie du 18.ᵉ siècle et au commencement du 19.ᵉ, Wieland marcha au premier rang des écrivains de l'Europe, comme philosophe, comme littérateur, comme historien, comme politique. Cette fécondité intarissable, cette admirable variété de genres et de tons l'avaient fait surnommer le Voltaire de l'Allemagne.

Nota. Cette Notice est presque entièrement extraite d'un ouvrage allemand intitulé : *Wieland, peint par J. G. Gruber*, 2 volumes in-8.ᵒ Leipsick, 1816.

FIN.